Lachse, Gründling,
Bürschling, Hecht
sind im Januar nicht schlecht,
doch Bedingung ist zumeist:
Erst erwischen, eh man speist.

Mecklenburg-Vorpommern

kulinarisch

von

Klaus-Jürgen Boldt

BuchVerlag
für die Frau

ISBN 978-3-89798-050-1

4. Auflage 2011

Arrangement und Fotos: Grit Hentschel
Foto S. 2 Brigitte Weibrecht
Einband, Typographie und Satz:
Lore Jacobi, Jesewitz
Druck:
Messedruck Leipzig GmbH
Bindearbeiten:
Müller Buchbinderei GmbH Leipzig

Printed in Germany

www.buchverlag-fuer-die-frau.de

Inhalt

Küche mit Charakter

»Wat de Buer nich kennt, dat ät hei nich!« Auf den ersten Blick mag es scheinen, dieser (aus dem Norddeutschen stammende) Spruch sei der Eintönigkeit geschuldet. Der Eintönigkeit einer an Zutaten und Zubereitungen armen Küche, die sich – aus welchen Gründen auch immer – der kulinarischen Phantasie verschlossen hält.

Doch wer die mecklenburgisch-vorpommersche Küche kennenlernen durfte, denkt darüber sicher anders. Entspringt jene alte Bauernweisheit nicht eher der Selbstbewusstheit einer Küche, die weiß, was sie wert ist? Die, mit heimischen Naturalien reich gesegnet, auf Fremdeinflüsse lieber verzichtet? Zumal der norddeutsche Menschenschlag ja dafür bekannt ist, dass er sich im allgemeinen – wo's nicht unbedingt sein muss – nur sehr ungern reinreden lässt...

Und was die Natur zwischen Mecklenburger Seenplatte und Ostseeküste, zwischen Oder und Elbe zu bieten hat, ist, wenn man genau hinschaut, beeindruckend. Da ist der Fischreichtum nicht nur der Ostsee, sondern vor allem der vielen Binnengewässer. Typisch der Aal, den man früher billig auf jedem Fischmarkt kaufen konnte und der im Oderhaff über dem Torffeuer geräuchert wurde. Auch Hecht, Zander, Rotbarsch und Schellfisch, Scholle und natürlich Hering gehören auf den norddeutschen Speisezettel. Flundern übrigens sollen am besten schmecken, wenn sie vor der Insel Usedom angelandet sind...

Zu den Spezialitäten Mecklenburg-Vorpommerns zählt aber beileibe nicht nur der Fisch. Der Wildreichtum im

Schweriner Forst hat beispielsweise den »Schweriner Wildschweinbraten« kreiert. Auch die Beeren des Waldes lässt man nicht achtlos beiseite; sie kommen ins »Pommersche Viermus« oder in die Himbeersuppe. Nach dem Gänseschlachten wird ein deftiges Gänseschwarzsauer gekocht, das, mit Backobst und Essig versetzt, dem typisch süßherben Geschmack gerecht wird – wie auch das »Rindfleisch mit Plumen« (Pflaumen) oder die als Beilage gereichten süßsauren Äpfel und Birnen. Überhaupt genießen die bodenstämmigen Obst- und Gemüsesorten größte Hochachtung. Pikant eingelegtes Gemüse zum Beispiel, das köstlich zu Bratkartoffeln schmeckt, oder Kartoffeln, die man nicht nur als Suppe mit Backpflaumen und Speck, sondern an kalten Herbsttagen als Kuchen zubereitet.

Auch der Buchweizen erobert heute, da man den Traditionen deutscher Regionalküche wieder die lange entsagte Aufmerksamkeit widmet, seinen von alters her angestammten Platz.
Folgen Sie uns in die bäuerlichen wie bürgerlichen, von Slawen, Friesen und Skandinaviern mitgeprägten Traditionen norddeutscher Esskultur. Erfreuen Sie sich an manch längst vergessenem, hier wieder zum Leben erweckten Rezept. Die Zutaten für alles, was wir Ihnen in diesem Büchlein vorstellen, finden Sie praktisch vor Ihrer Haustür – einheimische Produkte, die immer frisch zu haben sind. Mit frischen Kräutern, passenden Gewürzen, wenig Fett und schonenden Garungsarten (typisch der Römertopf!) zubereitet, holen Sie sich den herzhaften Geschmack des Urwüchsigen zurück auf Ihren Tisch!

Räucheraal auf Kümmelbrot

(für 6 Personen)

1 Räucheraal (ca. 800 g), Kümmelbrotscheiben, 30 g Butter, 1 kleiner Kopfsalat, 2 Eier, 3 EL Milch, Petersilie, Dill, Remouladensauce, 1 hartgekochtes Ei, 2 Tomaten, 1 Zitrone, 1 kleines Glas Maiskölbchen, Radieschen.

Den Räucheraal halbieren und filetieren, in gleichmäßige Stücke schneiden. Kümmelbrot in 10 g Butter anbraten, mit Kopfsalatblättern belegen und darauf die Aalfilets verteilen. Aus Eiern, Milch, 20 g Butter und Kräutern Rührei bereiten. Den Aal abwechselnd mit Kräuterrührei, Remoulade, Ei-, Tomaten- oder Zitronenscheiben belegen. Mit Mais, Dill, Petersilie und Radieschen garnieren.

Kleiner Spitzkohl mit Rahm und Basilikum-Tomaten-Torteletts

(vegetarische Vorspeise)

1 kleiner Spitzkohl,
1 gepresste Knoblauchzehe,
40 g Butter,
4 EL Schalottenwürfel,
4 Mürbeteigtorteletts
(8-10 cm Durchmesser),
4 EL Rapsöl,
4 entkernte, enthäutete Tomaten,
1 EL geschnittenes Basilikum,
etwas Salz, weißer Pfeffer,
Koriander.

Spitzkohl putzen, Strunk und dicke Blattrippen entfernen, innere Blätter in Stücke schneiden und in kochendem Wasser blanchieren, abgießen, mit kaltem Wasser abschrecken und gut abtropfen lassen.

2 EL Schalottenwürfel mit Knoblauch in erhitzter Butter angehen lassen, mit Sahne ablöschen, um 1/3 einkochen, darauf Kohlstücke geben, mit Koriander, Salz und Pfeffer würzen, abgedeckt bissfest garen.
Torteletts mit der Hälfte des Rapsöls einpinseln, einziehen lassen. Restliche Schalottenwürfel im übrigen Rapsöl anschwitzen, Tomatenwürfel, Basilikum, Koriander, Salz und Pfeffer zufügen, kräftig abschmecken und in die Torteletts füllen. Darüber das fertige Kohlgemüse geben und mit Basilikumblättchen garnieren. Dazu Käsebrotecken.

Hechtpastete Strelitzer Art

400 g Hechtfleisch,
1/8 l Milch,
3 entrindete Brötchen,
1 kleine Zwiebel,
125 g Butter,
4 Eier,
100 g frische Champignons,
Salz, Pfeffer,
1/2 Tasse Schmand,
1 EL Schnittlauchröllchen,
Kerbel zum Garnieren.

Das Hechtfleisch waschen, entgräten, kleinschneiden und sehr fein hacken. Die in Milch eingeweichten Brötchen gut ausdrücken. Zwiebel in Würfel schneiden, in 20 g Butter hell dünsten, herausnehmen und im gleichen Fett aus 2 Eiern ein weiches Rührei bereiten. Alles gut mit der restlichen schaumig gerührten Butter vermen-

gen. Anschließend die Masse durch ein Sieb streichen. 2 Eigelb zugeben, 2 steifgeschlagene Eiweiß und die in Scheiben geschnittenen Champignons unterheben, salzen und pfeffern. Fertige Hechtfarce in eine gebutterte Form füllen und abgedeckt im vorgeheizten Ofen bei 180 °C im Wasserbad 25 Min. garen. Zum Servieren auf eine vorgewärmte Platte stürzen. Dazu Schnittlauchschmand und frisches Weißbrot reichen. Mit Kerbel garnieren. Hechtpastete kann auch kalt serviert werden. Dazu passt ein trockener Weißwein.

Heringsdelikatessen vom Rostocker Hafenmeister

4 Variationen

1. Variation

150 g Heringssalat,
30 g Rote Beete, 1 hartgekochtes Ei,
150 g grüne Gurke.

2. Variation

2 EL Sahnemeerrettich,
4 Fettheringsfilets,
200 g Äpfel (Boskop), 4 Wachteleier,
1 EL Kaviar, frischer Dill.

3. Variation

2 grüne Heringsfilets, Salz,
Pfeffer, 2 EL Mehl, 200 ml Bierteig,
100 ml Fritierfett.

4. Variation

Gewürzgurke, 4 EL Schmand,
2 EL Schnittlauchröllchen,
blaue Zwiebeln, Petersilie.

Heringssalat mit Roten Beeten und Eiwürfeln vollenden, auf gewürzten Gurkenscheiben anrichten.

Sahnemeerrettich auf Heringsfilets geben, zu Röllchen formen, auf vom Kerngehäuse befreite Apfelscheiben setzen und mit halbiertem Wachtelei, Kaviar und Dill garnieren.

Grüne Heringsfilets salzen und pfeffern, in Mehl wälzen, durch den Bierteig ziehen. Im heißen Fritierfett ca. 5 Min. backen, herausnehmen und mit Salaten der Saison anrichten, lauwarm servieren.

Aus den restlichen Heringsfilets Schleifen drehen, auf Apfelringe setzen, darauf Gewürzgurkenfächer legen. Mit Schnittlauchschmand überziehen und mit blauen Zwiebelringen sowie Petersilie garnieren. Dazu dunkles Brot und würzige Sauerrahmbutter reichen.

Stettiner Aalsalat

1 Aal (enthäutet, gewaschen), 3 TL Salz, 1 EL schwarze Pfefferkörner, 1 1/2 Lorbeerblatt, 1 mittlerer Räucheraal, 1/2 Porreestange (in Scheiben geschnitten), 150 g Blumenkohlröschen, 100 g Möhre (gewürfelt), 100 g feine Erbsen, 1/2 Tasse Schmand, 1 Bund Dill, 1 Kopfsalat, 4 hartgekochte Eier.

Aal in Stücke schneiden. 1 1/2 l Wasser mit Gewürzen aufkochen. Aal im Sud 15 Min. garen. Herausnehmen, Mittelgräte entfernen. Mit filetiertem Räucheraal mundgerecht schneiden. Gemüse im Aalsud aufkochen. 2 Min. ziehen lassen, herausnehmen, mit dem Aal mischen. Schmand und feingehackten Dill unterheben. Salzen und pfeffern. Auf Kopfsalat anrichten, mit Eiwürfeln garnieren.

Matjesfilets mit bunter Hirse

1 Bund Schluppen (Frühlings-zwiebeln), 2 Möhren, 1 blaue Zwiebel, 200 g frische Champignons, 3 EL Öl, 200 g Hirse, 1/2 l Gemüsebrühe, Salz, Pfeffer, Dill, 8 Matjesfilets.

Frühlingszwiebeln putzen, waschen, in feine Ringe schneiden. Geputzte Möhren und geschälte Zwiebel klein würfeln. Gewaschene Champignons grob vierteln. Das Gemüse im erhitzten Öl andünsten. Die gut gewaschene Hirse zugeben, durchschwitzen, mit Gemüsebrühe ablöschen und 25 Min. köcheln lassen. Die Brühe soll verdunstet bzw. in die Hirse gezogen sein. Mit Salz und Pfeffer abschmecken und mit Dill bestreuen, lauwarm zu den Matjesfilets servieren.

Pommersche Gänsebrust mit winterlichen Salaten

je 1 EL Möhren, Champignons,
Sellerie, Kohlrabi,
rote, gelbe und grüne Paprika (alles geputzt und feinwürflig geschnitten),
150 g Wintersalate (Radiccio, Feldsalat, Chicoree, Eichblattsalat),
200 g geräucherte Gänsebrust (dünn geschnitten),
je 4 rote und gelbe Cherrytomaten,
4 hartgekochte Wachteleier,
Kerbel oder Schnittlauch.

Für das Dressing:

5 EL Weißweinessig,
Salz, weißer Pfeffer,
4 EL Olivenöl,
5 EL Walnussöl,
1 TL Zitronensaft.

Essig mit Salz und Pfeffer verrühren, bis sich das Salz aufgelöst hat. Öl und Zitronensaft zugeben, im Mixer mischen. Das Gemüse unterheben. Salate verlesen, putzen, waschen und trockenwedeln. Auf einem Teller anrichten und mit dem Dressing übergießen. Die Gänsebrustscheiben anlegen. Halbierte Tomaten und Wachteleier aufsetzen, mit Kerbel und/ oder Schnittlauch garnieren. Als Beilage reicht man Schrotbrot und einen jungen Beaujolais (Nouveaux).

Gravensteiner Apfelsuppe

500 g Äpfel, 1/2 l Apfelwein,
1/4 l Wasser, 50 g Kartoffelstärke,
50 g Sultaninen, Saft einer Zitrone,
2-4 Nelken, 1 Msp. Zimt,

100 g Zucker,
4 EL Apfelessig,
2 steifgeschlagene Eiweiß
(fast Baisermasse),
Salz.

Äpfel vierteln, Kerngehäuse entfernen, in grobe Stücke schneiden. Wasser mit Wein und Essig, Zucker, Zitronensaft, Sultaninen, Nelken und Zimt kurz kochen und die im kalten Wasser angerührte Kartoffelstärke einrühren, Fond damit binden. Apfelstücke in den Fond geben, kurz aufkochen und abgedeckt ca. 15 Min. ziehen lassen. In einem flachen Topf Wasser mit etwas Zucker erhitzen, von der steif geschlagenen Eiweißmasse esslöffelgroße Klößchen abstechen und im Zuckerwasser abgedeckt pochieren, Klößchen dabei wenden. 2-3 Klößchen auf jede Suppenportion geben.

Tangermünder Rübchensuppe

750 g Geflügelklein (Huhn oder Pute), 1 Suppengrün (geputzt, gewürfelt), 50 g Schmalz, 1 EL Zucker, 2 EL Zwiebelwürfel, 500 g Teltower Rübchen oder Gatower Kugeln, 50 g Butter, 2 EL Mehl, Salz, Pfeffer, je 2 EL feingehackte Petersilie und Kerbel.

Geflügelklein in 2 l Salzwasser ansetzen, 1 Stunde kochen, Fleisch ablösen, kleinschneiden. Suppengrün zur Brühe geben, 20 Min. köcheln lassen. Schmalz zerlassen, Zucker darin karamellisieren, Zwiebel und 1 Tasse Brühe zufügen. Halbe Rübchen zugeben, mit Brühe auffüllen. 30 Min. kochen. Butter zerlassen, Mehl darin hellgelb schwitzen. Suppe damit binden. Würzen, Geflügel zugeben, kurz aufkochen. Mit Kräutern bestreuen.

Pommersche Kartoffelsuppe mit Backpflaumen und Speck

500 g Kartoffeln, 1 l Brühe,
500 g Bauchspeckwürfel,
100 g eingeweichte Backpflaumen,
1/2 Stange Porree, Salz.

Gewaschene Kartoffeln schälen, in Würfel schneiden und in der Brühe weichkochen. Anschließend durch ein Sieb streichen. Speckwürfel zugeben, kurz aufkochen. Backpflaumen in wenig Einweichwasser ca. 15 Min. weich dünsten, mit dem geputzten, gewaschenen, in Ringe geschnittenen Porree in die Suppe geben und mit Salz abschmecken. In eine vorgewärmte Terrine füllen und heiß auftragen.

Boltenhagener Käsesuppe

2 Stangen Porree,
50 g Butterschmalz, 2 EL Mehl,
1 l Brühe, 1/2 l Milch,
2 EL Tomatenketchup, Senf,
150 g geriebener Hartkäse,
Salz, Pfeffer, Paprika, Muskat,
100 g Rinderpökelzunge,
frischer Dill oder Petersilie.

Porree putzen, waschen, fein schneiden und im zerlassenen Butterschmalz anschwitzen. Mit Mehl bestäuben, Brühe und Milch auffüllen, alles gut durchkochen. Tomatenketchup, Senf geriebenen Käse langsam unterrühren. Nicht mehr kochen lassen! Suppe mit den Gewürzen abschmecken, Zungenwürfel zugeben, auf Tellern anrichten. Mit einem gezupften Dillfähnchen oder Petersilie garnieren.

Rindfleischtopf mit Pflaumen

500 g Rinderbrust, Salz,
4 Zwiebeln, 30 g Butter,
1 Suppengrün,
125 g eingeweichte Backpflaumen,
30 g Mehl, 500 g Kartoffeln, Pfeffer,
2 EL Gewürzgurkenwürfel,
1 EL gehackte Petersilie, Thymian.

Rinderbrust in 1 1/2 l Salzwasser ansetzen, 2 Stunden garen, herausnehmen und kaltstellen. Am nächsten Tag Brühfett abheben, mit der Butter zerlassen. Gewürfeltes Suppengrün darin anschwitzen, Backpflaumen zugeben, mit Mehl bestäuben, Brühe auffüllen. Kartoffelwürfel hineingeben und alles 30 Min. kochen. Rindfleisch in Scheibchen schneiden, in den Eintopf geben, würzen. Gurkenwürfel und Petersilie zugeben. Mit Zwiebelringen und Thymian garnieren.

Himbeersuppe

600 g Himbeeren (auch TK),
125 g Zucker, Saft 1/2 Zitrone,
1 Prise Zimt, 2 EL Kartoffelstärke,
2 kleine Gläschen Himbeergeist,
1 Glas Rotwein oder Rosè,
Eischnee oder Sahne
zum Garnieren.

Himbeeren verlesen und waschen. 1 l Wasser mit Zucker, Zitronensaft und Zimt zum Kochen bringen. Himbeeren zugeben, aufkochen lassen, durch ein Sieb streichen. Stärke mit Himbeergeist und Wein verrühren, in die kochende Suppe quirlen und gleich von der Kochstelle nehmen. Lauwarm mit Eischnee- oder Sahnehäubchen servieren. Löffelbiskuits dazu reichen.

Buchweizensuppe »Friedland«

200 g Buchweizen,
je 2 EL Zwiebeln, Möhren, Sellerie
und Lauch (fein geschnitten),
40 g Butter, 1 1/2 l Rindfleischbrühe,
200 g Schinken- oder Kasseler-
knochen, 100 g Crème double,
Salz, weißer Pfeffer, Kerbel.

Buchweizen über Nacht einweichen. Im Sieb abtropfen. Gemüse in 20 g Butter andünsten, mit etwas Brühe auffüllen, Buchweizen und Knochen zugeben, mit restlicher Brühe aufgießen und bei geringer Hitze 1 Stunde köcheln lassen. Knochen herausnehmen. Créme double und die übrige kalte Butter flöckchenweise unter die Suppe rühren. Würzen, durch ein Sieb streichen. Nochmals kurz aufkochen, mit dem Mixer aufschäumen. Buchweizen und Gemüse in die Suppe geben. Mit Kerbel garnieren.

Ostpreußische Sauerrahmsuppe

250 g Backpflaumen, Salz,
2 EL Rübensirup,
250 g Schmand,
200 g Mehl, 2 Eier.

Backpflaumen einweichen. Am Folgetag in 1 1/2 l Wasser aufkochen, mit der Schaumkelle herausnehmen. Im Sud Sirup und Salz aufkochen. Schmand mit 2 EL Mehl verquirlen, unter ständigem Rühren (Schmand darf nicht gerinnen!) in die mäßig erhitzte Brühe einlaufen lassen. Übriges Mehl mit Eiern, 1 Prise Salz und etwas Wasser zum Teig kneten; 1 Stunde ruhen lassen. Mit einem Teelöffel Klößchen abstechen, in die Suppe geben und 15 Min. bei geringer Hitze garziehen lassen. Pflaumen wieder hineingeben, Suppe gut durchrühren und auf vorgewärmten Tellern servieren.

Gebratene Ostsee-Flundern

8 Flundern à 150 g,
Saft einer Zitrone, Worcestersauce,
Pfeffer, Salz,
5 EL Mehl, 40 g Margarine,
150 g magere Speckstreifen,
40 g Butter, 1 EL gehackte Petersilie.

Falls nicht bratfertig gekauft, Flundern ausnehmen, Flossen kürzen, waschen, trockentupfen. Rückenhaut mehrfach kurz einschneiden. Mit Zitronensaft, einigen Spritzern Worcestersauce, Pfeffer und Salz marinieren, im Kühlschrank 1 Stunde durchziehen lassen. Flundern in Mehl wenden, in zerlassener Margarine beidseitig anbraten. Speckstreifen zugeben. Die braun gebratenen Fische auf vorgewärmte Teller legen. Zerlassene Butter, Petersilie und gebratene Speckstreifen über die Flundern geben.

Saßnitzer Heringspfännchen

8 grüne Heringe
(Salzheringe 1 Tag in Milch einlegen),
4 EL Mehl, 60 g Margarine,
Salz, Pfeffer, 40 g Butter,
200 g Sauerkraut, 100 g Schmand,
2 Eier, 100 ml Weißwein, 1 EL Dill.

Kopf und Flossen der Heringe abschneiden, Rogen und Milch aufheben. Heringe filetieren, Bauchgräten entfernen. Filets abspülen, trockentupfen, mehlieren, in Margarine beidseitig braun anbraten. Herausnehmen, in Stücke schneiden, würzen. 4 Auflaufformen ausbuttern, je 50 g Sauerkraut einfüllen, Fisch auflegen, darauf Rogen und Milch verteilen. Schmand mit Eiern, Wein und Dill vermengen, in die Förmchen gießen. Im vorgeheizten Ofen bei 130 °C ca. 15 Min. backen.

Rügener Fischtopf

500 g geschälte Kartoffeln, Salz, 2 Zwiebeln, 1 Suppengrün (zerkleinert), 2 Nelken, 1 Lorbeerblatt, 4 Pimentkörner, 600 g Seefischfilet, 75 g magerer Speck, 1 EL Mehl, 1 EL geriebener Meerrettich, 125 g Schmand, 2 EL Dill.

Kartoffelwürfel in Salzwasser garen. Zwiebelviertel, 1 TL Salz, Suppengrün und Gewürze in 1 l Wasser 10 Min. kochen. Gewürfelten Fisch zugeben, 10 Min. garziehen. Fisch und Gemüse herausnehmen. Speckwürfel auslassen, übrige Zwiebelwürfel darin dünsten, mit Mehl bestäuben, hellbraun rösten. 1/2 l Fischfond zugießen, 10 Min. köcheln. Meerrettich und Schmand einrühren, Kartoffeln und Gemüse dazu. Fisch unterheben, mit Dill garnieren.

Fischfrikassee

1,5 kg verschiedener Fisch oder
800 g verschiedene Fischfilets,
2 TL Salz, 1 TL weißer Pfeffer,
Saft 1 Zitrone,
1/2 Stange Porree,
2 Zwiebeln, 4 Petersilienwurzeln,
1/8 Sellerieknolle, 1 Möhre,
50 g Butter, 125 g Schmand.

Fisch in Stücke schneiden, salzen, pfeffern, mit Zitrone beträufeln. Gemüse putzen, waschen, in feine Streifen schneiden und gut gemischt in eine ausgebutterte feuerfeste Form geben. Fisch auflegen, mit Wein begießen, im Ofen bei 200 °C etwa 20 Min. garen. Fond in einen Topf gießen, mit Mehl, Butterflöckchen und Schmand binden. Damit das Ragout übergießen und vorsichtig mischen. Im Reisrand anrichten. Dazu Spargel.

Göhrener Fischspießchen

je 100 g Aal, Kabeljau, Rotbarsch- und Schollenfilet, 3 Tomaten, 1/2 Salatgurke, 12 Champignons, 100 g Butterschmalz.

Für die Beize:

Saft 1 Zitrone, 2 EL Öl, weißer Pfeffer, 1/2 TL Paprika, 1 TL Senf, einige Spitzer Worcester- und Tabascosauce.

Zutaten für Beize gut verrührt über den grobgewürfelten Fisch gießen. Im Kühlschrank abgedeckt 2 Stunden durchziehen lassen. Tomaten häuten, entkernen, vierteln. Gurke waschen, ungeschält in dicke Scheiben schneiden, Champignons abziehen. Abwechselnd Fisch, Gurke, Tomate und Pilze auf Spieße stecken. In Butterschmalz 10 Min. braun braten. Petersilienkartoffeln und Gurkensalat als Beilage.

Butterfisch »Darßer Art«

1 Rotbarsch (ca. 1,5 kg),
Saft 1 Zitrone, 1 Suppengrün,
2 Lorbeerblätter, 10 Pimentkörner,
1 abgezogene Zwiebel,
2 EL Weinessig, Salz,
2 EL Mehl, 50 g Butter,
2 Eigelb, 125 g Schmand,
je 1 kleiner Bd. Dill und Petersilie,
2 EL geriebener Meerrettich,
1/2 TL Zucker, Pfeffer.

Fisch ausnehmen, waschen, trockentupfen, mit Zitronensaft beträufeln. Suppengrün putzen, waschen, zerkleinern, mit Lorbeer, Piment, Zwiebelscheiben, Essig und Salz in 1 l Wasser etwa 15 Min. kochen. Rotbarsch in den Sud geben und ca. 30 Min. garen. Herausnehmen und warm stellen. Fischfond passieren; Gemüse warm halten.

Mehl in zerlassener Butter hellgelb anschwitzen, mit 1/4 l Fond auffüllen und 10 Min. köcheln. Eigelb mit Schmand verrühren und unter die Sauce ziehen. Nicht mehr kochen lassen! Gehackten Dill, Petersilie und Meerrettich in die Sauce geben, mit Zucker, Pfeffer und Zitronensaft abschmecken. Fisch mit dem Gemüse auf einer Platte anrichten, die Sauce extra dazu reichen. Als Beilage sind Petersilienkartoffeln und Kopfsalatherzen empfehlenswert. Dazu ein trockener Weißwein.

Angelschellfisch in Senfsauce

2 Schellfische à 1 kg,
1/2 Stange Porree,
100 g Sellerieknolle,
1 Bd. Petersilie,
1 Zwiebel mit 3 Nelken gespickt,
1 Lorbeerblatt,
10 zerdrückte Pfefferkörner,
1/4 l Milch, Salz, weißer Pfeffer,
1/2 TL Zucker, 2 EL Schmand,
3 EL scharfer Senf,
125 ml Sahne, 50 g Butter,
Dillfähnchen oder 1 EL gehackte Petersilie zum Garnieren.

Ausgenommene Fische von Kopf, Schwanz und Flossen befreien. Fische abspülen, abtrocknen, in 4 Portionsstücke zerteilen. Fischköpfe halbieren, Kiemen entfernen, gut waschen und mit dem geputzten, zerkleinerten Gemüse, dem Bund Petersilie, der ge-

spickten Zwiebel und den Gewürzen in 1 l Wasser etwa 20 Min. köcheln lassen. Danach durch ein Sieb geben, Fischsud mit Milch mischen, mit Salz, Pfeffer und Zucker würzen. Schellfischstücke einlegen, ca. 10 Min. garziehen lassen, herausnehmen und warm stellen.
1/2 l Fischsud nochmals passieren, Schmand und Senf unterrühren, kurz aufkochen, Sahne zugeben. Mit dem Mixstab kalte Butter flöckchenweise unter die Sauce schlagen. Auf einer vorgewärmten Platte den Fisch anrichten, mit Dillfähnchen oder gehackter Petersilie garnieren. Sahne-Senfsaucen-Schaum extra dazu reichen. Als Beilage eignen sich Dillkartoffeln und frischer grüner Salat.

Seelachsfilet auf Gartengemüse

600 g Seelachsfilet, 4 EL Zitronensaft, Salz, weißer Pfeffer, 1 TL gehackte Petersilie, je 100 g Möhrenstreifen, Porreeringe und Champignonstifte, 1 Zwiebel, 50 g Butter, 1 zerdrückte Knoblauchzehe, 100 ml trockener Weißwein, 2 EL Mehl, 1 TL Paprika (edelsüß), 100 g Schmand, 2 cl Sherry.

Fisch mit Zitrone beträufeln, leicht würzen. Gemüse und Zwiebelscheiben in Butter andünsten, Knoblauch zugeben, mit Wein abschmecken. Den Fisch darauf legen, abgedeckt ca. 10 Min. dünsten, mit dem Gemüse herausnehmen und warm stellen. Fond mit Mehl binden, mit Paprika würzen, unter die etwas abgekühlte Sauce rühren, mit Sherry verfeinern und über die Seelachsfilets gießen. Dazu schmeckt Butterreis.

Oderfisch-Schmaus

4 Zanderfilets à 150 g,
Saft 1/2 Zitrone, Salz, Pfeffer,
1 EL Körnersenf,
1 kleines Glas Weißwein,
80 g Butterschmalz, 600 g Kartoffeln,
100 g Schmand, je 1 EL gehackte
Petersilie, Dill und Kerbel.

Filetscheiben abspülen und 2 Stunden in eine aus Zitronensaft, Salz, Pfeffer, Senf und Wein gerührte Marinade legen. Dann beidseitig im Butterschmalz kurz anbraten. Feuerfeste Form ausbuttern, Filetscheiben hineingeben, mit den grob geschnittenen Kartoffeln umlegen, Schmand mit Kräutern vermengen, über die Fisch-Kartoffel-Füllung gießen und abgedeckt im vorgeheizten Ofen bei 200 °C ca. 10 Min. garen. Mit Eisberg-Radieschen-Salat servieren.

Rinderschulter mit Apfel

800 g Rinderschulter, 1 Zwiebel,
4 Pfeffergurken, 1 Lorbeerblatt,
4 Pimentkörner, 3 Nelken,
Salz, etwas Pfefferschrot,
800 g Äpfel (Boskop),
1 TL Zucker.

Abgespültes Fleisch von Sehnen und Fett befreien, in dünne Scheiben schneiden, mit Zwiebelscheiben, Gurkenwürfeln, Lorbeerblatt, Piment, Nelken, Salz und Pfeffer in 1/2 l Wasser etwa 45 Min. kochen. Gegartes Fleisch herausnehmen und warm stellen. Kerngehäuse der Äpfel ausstechen, Äpfel schälen, achteln, in die verbliebene Brühe geben, kurz aufkochen und vorsichtig umrühren. Mit Zucker abschmecken und über das in tiefen Tellern angerichtete Fleisch geben. Dazu Salzkartoffeln.

Schweinenacken in Bier

4 Scheiben Schweinekamm à 100 g, Salz, Pfeffer, etwas Knoblauchsalz, 4 Scheiben magerer Speck à 50 g, 2 Lorbeerblätter, 8 Pimentkörner, 3 Zwiebeln, 6 EL Kräuteressig, 2 EL Rübensirup, 1 Flasche Bier, 1 EL Kartoffelmehl, Petersilie.

Die Kammscheiben klopfen, würzen. Speck in den Römertopf legen, darauf Fleisch, Lorbeer, Piment und Zwiebelscheiben schichtweise verteilen. Essig mit Sirup und Bier gut verrühren, über das Fleisch geben und im vorgeheizten Ofen bei 180 °C ca. 45 Min. garen. Fleisch und Speck herausnehmen, warm stellen. Fond durch ein Sieb geben. Mehl mit 5 EL Bier verquirlen, unter den Fond rühren, kurz aufkochen lassen. Fleisch mit Sauce, Petersilie und Bratkartoffeln auftragen.

Gefüllter Schweinerippenbraten

(für 6 bis 8 Personen)

1,5 kg Schweinebauch mit Schwarte,
Salz, Pfeffer,
200 g entsteinte Backpflaumen
(über Nacht in Apfelsaft einweichen),
800 g Apfelstücke,
200 g Zwiebackbrösel, 2 Eier,
1 EL Zucker, 1 TL Zimt,
100 g Butterschmalz,
500 ml Apfelsaft.

Schweinebauch abwaschen, trockentupfen, das Fleisch zwischen den Rippen so einschneiden, dass eine große Tasche entsteht. Die Schwarte kreuzweise einschneiden. Innen und außen salzen und pfeffern.

Für die Füllung die Backpflaumen vierteln, mit Apfelstücken, Zwiebackbröseln (ca. 3 EL aufheben), verquirlten Eiern, Zucker, Zimt und dem

Einweichsaft der Pflaumen zu einer dicklichen Masse vermengen und in die Fleischtasche füllen. Tasche mit Spicknadel oder Bindfaden verschließen, nochmals ringsum leicht salzen und pfeffern. Im heißen Butterschmalz allseitig braun anbraten, im vorgeheizten Ofen bei 180 °C unter öfterem Begießen mit Apfelsaft ca. 60-80 Min. schmoren. Nach der Hälfte der Bratzeit die Schwarte nach oben legen, mit Bratensaft begießen, dass sie recht knusprig wird. Gegartes Fleisch herausnehmen, warm stellen. Den Fond mit 3 EL geriebenem Zwieback binden und in eine Saucenschüssel füllen.
Dazu Salzkartoffeln und Rotkohl.

Schweriner Wildschweinbraten

(für 8 bis 10 Personen)

2 kg Wildschweinschulter,
2 kg Wildschweinbauch,
300 ml Essig, 2 Zwiebeln,
2 Lorbeerblätter, 10 Pimentkörner,
10 Wacholderbeeren,
3 EL Zucker, Salz, Pfeffer,
200 g Speckwürfel, 200 ml Rotwein,
250 g Schmand.

Vorbereitetes Wildschweinfleisch waschen und abtrocknen. Essig, Zwiebelwürfel, Lorbeer, Piment, Wacholder und Zucker in 2 l Wasser aufkochen. In diese Beize das Fleisch einlegen, so dass es vollständig bedeckt ist und abgedeckt 2-3 Tage im Kühlschrank stehen lassen. Dann das Fleisch herausnehmen, trockentupfen, salzen und pfeffern. Speckwürfel kross ausbraten, Wildfleisch darauf legen und in der

Röhre allseitig braun anbraten. Mit Beize ablöschen und regelmäßig damit begießen. Ca. 2 Stunden bei 150-180 °C schmoren. Etwa 20 Min. vor Ende der Garzeit Rotwein zugeben. Den fertigen Braten herausnehmen, in Scheiben schneiden und auf vorgewärmter Platte warm stellen. Schmand unter die Sauce rühren, passieren, in eine Sauciere füllen. Dazu schmecken Kartoffelrösti, Schwarzwurzelgemüse oder Pilze und ein kräftiger Rotwein.

Mecklenburger Bauernkotelett

400 g Sauerkraut, 2 Äpfel, 1 Möhre, 2 Zwiebeln, 50 g Schmalz, 4 Schweinekoteletts, 2 EL Mehl, Salz, Pfeffer, 40 g Butterschmalz, 4 Scheiben magerer Speck à 25 g, 4 Wiener Würstchen, 8 Kartoffelpuffer, 125 g Schmand, 2 EL Schnittlauchröllchen.

Sauerkraut, Apfel- und Möhrenraspel, Zwiebelwürfel und Schmalz in wenig Wasser kochen. Koteletts klopfen, mehlieren, salzen, pfeffern, in Butterschmalz beidseitig braun braten. Kammförmig eingeschnittene Speckscheiben und Wiener im Bratfett knusprig braten. Je 1 frisch gebackenen Kartoffelpuffer auf vier Tellern anrichten, darauf Sauerkraut, Fleisch, Speck und Wiener verteilen, mit zweitem Puffer abdecken, mit Schnittlauchschmand garnieren.

Rindfleisch mit Plumen

1 kg Rinderschmorfleisch oder Hohe Rippe, Salz, 4 Zwiebeln, 1 Suppengrün (geputzt, kleingeschnitten), etwas Kümmel, 400 g eingeweichte Backpflaumen, 50 g Butterschmalz, 2 EL Mehl, Pfeffer, 1 kg Kartoffeln.

Abgespültes Fleisch in 1 l Salzwasser mit 1 Zwiebel, Suppengrün und Kümmel zum Kochen bringen. Abschäumen und gar kochen. Fleisch herausnehmen, warm stellen. Backpflaumen in etwas Brühe weich dünsten. Übrige Zwiebeln in Scheiben schneiden, in Butterschmalz anschwitzen, mit Mehl bestäuben, etwas Brühe zugeben, aufkochen, salzen, pfeffern. Geschälte, geviertelte Kartoffeln zufügen und gar kochen. Fleisch in Scheiben mit Pflaumen und Kartoffeln anrichten. Zwiebelsauce dazu reichen.

Altmecklenburger Mastentenbraten

1 küchenfertige Ente (ca. 2 kg),
Salz, Pfeffer,
4 Äpfel, 1 Zwiebel,
200 g Sultaninen,
50 g Korinthen,
50 g Butter,
Majoran, Beifuß,
1 EL Kartoffelmehl.

Ente gut säubern, waschen, trockentupfen. Innen mit Salz und Pfeffer ausreiben, außen salzen. Kerngehäuse der Äpfel ausstechen und mit der Zwiebel schälen und vierteln. Zusammen mit den vorher eingeweichten Sultaninen und Korinthen in zerlassener Butter kurz dünsten. Etwas Majoran und Beifuß zugeben und damit die Ente füllen, gegebenenfalls zunähen. Ente in einem Bräter mit etwas Wasser in den vorge-

heizten Ofen (ca. 180 °C) schieben, öfter wenden und sorgfältig begießen. Sobald der Bratensaft braun wird, hin und wieder mit kaltem Wasser ablöschen, damit die Ente schön knusprig und braun wird. Auch die Sauce erhält so ihren guten Geschmack und eine schöne Farbe.

Nach ca. 2 Stunden Bratzeit die Ente aus dem Bräter nehmen und im ganzen warm stellen, damit sie am Tisch tranchiert werden kann. Sauce im Bräter zur gewünschten Menge aufgießen oder einkochen lassen. Mit eingerührtem Kartoffelmehl binden, durch ein Sieb geben, mit Salz, Pfeffer und etwas Majoran abschmecken, in eine vorgewärmte Sauciere füllen. Mit Kartoffelklößen, Rotkohl und glacierten Maronen zu Tisch bringen. Dazu einen Rotwein.

Gänseschwarzsauer

1,5 kg Gänseklein (Flügel, Hals, Magen, Herz), 1 EL Salz, 1 Lorbeerblatt, 4 Pimentkörner, 1/2 Petersilienwurzel, 1 Zwiebel, 500 g eingeweichtes gemischtes Backobst (Pflaumen, Äpfel, Birnen, Aprikosen), 3 EL Zucker, 2 EL Essig, 500 ml Gänseblut, 3 EL Mehl.

Gänseklein in 1 l Wasser zum Kochen bringen, abschäumen. Salz, Gewürze und Zwiebel zugeben, abgedeckt 1 Stunde kochen lassen. Backobst mit Zucker und Essig in 1/2 l Wasser weich dünsten, zum gegarten Gänseklein geben. Gänseblut mit Mehl verquirlen und unter ständigem Rühren die Gänsebrühe binden. Kurz aufkochen und mit Salz, Zucker und Essig abschmecken. Dazu gibt es Bratkartoffeln und nach Belieben heißen Kakao.

Grillwurst im Speckkleid

800 g Kartoffeln, Kümmel, Salz, 40 g Butterschmalz, Pfeffer, 4 Bratwürste, 8 Scheiben Frühstücksspeck, 1 EL Öl, 2 Zwiebeln, 1 Glas Rote Bete (Kugeln), 4 Stengel Blattpetersilie.

Saubere Kartoffeln mit Kümmel in Salzwasser gar kochen. Noch heiß abpellen, erkalten lassen, in 1/2 cm dicke Scheiben schneiden. Im erhitzten Butterschmalz knusprig braun braten, salzen, pfeffern. Bratwürste mit je 2 Scheiben Speck umwickelt, mit Öl bepinselt im Grill bräunen. Zwiebeln pellen, in Ringe schneiden, Rote Bete in Scheiben, auf die Zwiebelringe legen und mit den Bratkartoffeln und Grillwürsten auf einer Platte anrichten. Mit Pfeffer aus der Mühle und Blattpetersilie garnieren.

Labskaus

750 g gepökeltes Rindfleisch, 750 g Kartoffeln, 4 Zwiebeln, 300 g Rote-Bete-Salat, 1 EL feingewürfelter Meerrettich, Pfeffer, 2 Äpfel, 4 Salzgurken (200 g), Essig, Zucker, 8 Heringsfilets (Matjes), 4 Eier.

Fleisch 1 1/2 Stunden garen. Geschälte Kartoffeln grob würfeln, salzlos kochen, abgießen. Fleisch, Kartoffeln, 3 Zwiebeln, 200 g Rote Bete und Meerrettich durch den Wolf drehen. Gut vermischen, pfeffern, mit etwas Pökelbrühe glattrühren, über Nacht kalt stellen. Äpfel schälen, entkernen, mit den Gurken würfeln, in das Labskaus rühren, nochmals erhitzen. Mit Essig und Zucker abschmecken. Je Portion 2 Heringsfilets auflegen, mit Zwiebelringen, Roten Beten, Gurke und einem Spiegelei zu Tisch bringen.

Pommersches Schlachte-Allerlei

2 Schweinenieren,
300 g Schweinebauch,
200 g Schweineleber, Salz,
3 Äpfel, 2 Zwiebeln,
150 g Speckwürfel, Pfeffer, Majoran.

Nieren halbieren, säubern, wässern. Schweinebauch und Leber abspülen, alles zusammen in Salzwasser gar kochen. Herausnehmen, erkalten lassen und in Scheiben schneiden. Kerngehäuse der Äpfel ausstechen, mit den abgezogenen Zwiebeln in mittelstarke Scheiben schneiden. Speckwürfel ausbraten, Grieben herausnehmen und später zu den Bratkartoffeln geben. Im ausgelassenen Fett die Fleischscheiben, Zwiebelringe und Apfelscheiben braten, mit Salz, Pfeffer und etwas Majoran würzen. Zusammen mit Bratkartoffeln servieren.

Schmandschinken

8 Scheiben Schinkenspeck (ca. 600 g), 1/4 l Milch, 3 EL Öl, 30 g Butterschmalz, 2 gewürfelte Zwiebeln, 2 EL Mehl, 125 g Schmand, Salz, Pfeffer, Zitronensaft, Dill.

Speckscheiben leicht klopfen, etwa 2 Stunden in Milch einlegen. Gut abtropfen lassen, trockentupfen und im heißen Öl beidseitig kurz anbraten. Butterschmalz im Topf zerlassen und Zwiebelwürfel darin anschwitzen.
Mit Mehl bestäuben, Milch angießen, glattrühren. Etwa 10 Min. köcheln lassen. Schmand unter die Sauce ziehen, salzen, pfeffern, mit Zitronensaft abschmecken. Speckscheiben auf vorgewärmten Tellern anrichten, mit Sauce überziehen und mit Dill oder Petersilie bestreuen. Dazu Salzkartoffeln und Rote Bete reichen.

Schweinelende »Lübzer Art«

*750 g Schweine- und Kasseler-
knochen (fein gehackt), 3 EL Öl,
1 Zwiebel, 1 Möhre,
1/8 Sellerieknolle,
1 EL Tomatenmark,
1 zerdrückte Knoblauchzehe,
1 l Pilsner Bier, Majoran,
600 g Schweinefilet
(8 Medaillons à 75 g);
1 EL Körnersenf, Salz, Pfeffer,
40 g Butterschmalz,
100 g Schmand.*

Zerhackte Knochen in Öl anbraten, Zwiebel-, Möhren- und Selleriewürfel zugeben und gut rösten. Tomatenmark unterrühren, nochmals durchrösten. Knoblauchzehe hineingeben und öfter mit Bier ablöschen. Danach das restliche Bier zugeben und 60-90 Min. köcheln lassen. Bevor der Fond pas-

siert wird, etwas Majoran auf das Sieb geben. Knochenfond auf die Hälfte einkochen. Schweinemedaillons mit Senf bestreichen, salzen und pfeffern. Im heißen Butterschmalz beidseitig braten, herausnehmen, warm stellen. Bratensaft mit Knochenfond ablöschen, etwas einkochen lassen. Nochmals passieren und Schmand darunter ziehen.

Zu den Medaillons schmecken Bratkartoffeln und Gemüse nach Wahl (Brokkoli, Kohlrabi, Frühlingszwiebeln, Möhren) und natürlich ein frisches mecklenburgisch herbes Bier.

Gefüllte Wirsingkohlköpfchen auf Tomatenpüree

1 kleiner Wirsingkohl,
100 g Langkorn-Wildreis,
je 1 EL gelbe, rote und grüne gewürfelte Paprika,
100 g frische Champignons,
2 EL Schalottenwürfel,
Salz, weißer Pfeffer,
60 ml Speiseöl,
1/8 l Gemüsebrühe,
0,1 l Weißwein (Gewürztraminer).

Tomatenpüree:

4 Tomaten, enthäutet, entkernt, gewürfelt, 2 EL gehackte Gemüsezwiebel, 50 g Butterschmalz,
Salz, weißer Pfeffer,
1/2 EL edelsüßer Paprika,
1/2 EL Honig, einige Spritzer Tabasco, 4-6 Basilikumblätter.

8 mittlere Wirsingkohlblätter ablösen, 2-3 Min. im Salzwasser kochen, herausnehmen, kalt abschrecken, dicke Blattrippen herausschneiden. Etwas Kochfond aufheben. Vom übrigen Kohl den Strunk entfernen, fein würfeln, in 30 ml Öl anschwitzen, würzen, mit der Hälfte der Gemüsebrühe auffüllen, etwa 15 Min. dünsten.
Wildreis kochen, mit Paprika-, Champignon- und Schalottenwürfeln in den gedünsteten Wirsing geben, alles nochmals anschwitzen und kräftig abschmecken. Suppenkelle mit einem Küchentuch auslegen, jeweils ein Kohlblatt einlegen, mit der Kohl-Gemüse-Mischung füllen, überstehende Blattränder abschneiden. Tuch zusammendrehen und so Bällchen formen. Die 8 gefüllten Kohlköpfchen in eine geölte Pfanne setzen, etwas salzen und pfeffern, mit dem Rest Gemüsebrühe

und Wein angießen, im vorgeheizten Ofen bei 180 °C etwa 20 Min. garen.
Inzwischen Zwiebelwürfel im erhitzten Butterschmalz hell angehen lassen, Tomatenwürfel zugeben, mit Salz, Pfeffer, Paprika, Honig und Tabasco würzen, kurz anbraten und mit Fond von den Kohlblättern angießen.
Das fertige Tomatenpüree nochmals abschmecken. Pro Person 2 Kohlköpfchen auf Tomatenpüree anrichten.
Tomatenpüree mit Basilikumblättern garnieren.

Kartoffelgratin

1 kg festkochende Kartoffeln,
Kümmel, Salz, 150 g Mehl,
100 g Butter, 250 g Champignons,
250 g gekochter Schinken,
200 g geriebener Käse,
1/8 l Schlagsahne, 200 g Schmand,
Salz, Pfeffer, Muskat, Majoran,
1/4 zerdrückte Knoblauchzehe.

Gewaschene Kartoffeln mit etwas Kümmel in Salzwasser gar kochen. Noch heiß pellen, stampfen, mit Mehl und zerlassener Butter vermischen, salzen. Etwa 2/3 des Kartoffelteiges in eine gefettete Auflaufform füllen, einen ca. 3 cm hohen Rand ziehen. Geputzte, gewaschene Champignons und Schinken klein würfeln, mit dem geriebenen Käse vermengen und auf dem Kartoffelteig verteilen. Schlagsahne und Schmand mischen, mit Ge-

würzen abschmecken, über den Teig gießen und mit der restlichen Kartoffelmasse bedecken. Im vorgeheizten Ofen bei ca. 200 °C etwa 30-45 Min. backen, die letzten 10 Min. mit Alufolie abdecken. Kartoffelgratin eignet sich auch als selbständiges Gericht. Dazu passt Kopfsalat mit Rahm.

Pikant eingelegtes Gemüse

1 kleine Salatgurke,
4-6 Blumenkohlröschen,
4 kleine Zwiebeln,
60 g Zucker, 5 cl Weinessig,
2 cl Sherry-Essig, 1 EL geschnittene Dillzweige, 5-8 Estragonblätter, 2 Lorbeerblätter, je 1 TL Senf- und Korianderkörner, Salz, grober weißer Pfeffer, 0,3 l Wasser, 0,1 l Créme fraîche, 1 TL geschnittener Dill.

Geputzten Blumenkohl in Salzwasser legen, gepellte Zwiebeln dazu und bissfest garen. Herausnehmen, Wasser aufheben. Geschälte Gurke längs halbieren, entkernen, in 1/2 cm dicke Stücke schneiden. 0,3 l Blumenkohlwasser mit Zucker, Essig, Dill, Estragon, Lorbeerblättern, Salz, Senf- und Korianderkörnern aufkochen. Gurkenstücke, Zwiebeln und Blumenkohl zugeben, nochmals kurz kochen. Nach dem Abkühlen in verschließbare Gläser füllen und ca. 2 Tage durchziehen lassen. Danach Gemüse über ein Sieb abgießen, Fond aufheben. Créme fraîche mit 3-4 EL Fond verrühren, mit Dill, Pfeffer und Salz verfeinern, in die fertige süß-saure Marinade das Gemüse geben. Dazu schmecken Zwiebel-Bratkartoffeln.

Warener Maisgemüse mit Pfifferlingen

2 EL Schalottenwürfel, ca. 125 g frische Landbutter, 500 g frische Pfifferlinge, weißer Pfeffer aus der Mühle, 1 gepresste Knoblauchzehe, 1 Prise Kümmel, 0,1 l Gemüsebrühe, 250 g Zuckermais (frisch oder Dose), 1 kleine rote Paprika, 2 EL geschnittene Blattpetersilie, Salz.

Schalottenwürfel in zerlassener Butter hell anschwitzen, geputzte Pfifferlinge zugeben, mit Pfeffer, Knoblauch und Kümmel würzen, mit der Hälfte der Gemüsebrühe angießen, bei mäßiger Hitze 5 Min. garen. Danach Maiskörner, Paprikawürfel und restliche Gemüsebrühe zugeben und nochmals 15 Min. leicht köcheln lassen, kräftig abschmecken, mit Petersilie vollenden.

Bohnen-Möhren-Blumenkohl-Gemüse

200 g feine Prinzessböhnchen, 1 kleiner Bd. junge Möhren mit Grün, 1 kleiner Blumenkohl in Röschen zerlegt, Salz, weißer Pfeffer, etwas Zucker, Bohnenkraut und Muskat, 90 g Butter.

Gemüse putzen, Bohnen im Ganzen verwenden, an den Möhren etwa 2-3 cm Grün lassen. Alles Gemüse zusammen in Salzwasser 2-3 Min. kochen, abgießen, in Eiswasser abschrecken. In drei Kasserollen je 30 g Butter erhitzen, darin die Gemüsesorten einzeln anschwenken und individuell abschmecken, d.h. Bohnen mit Salz, Pfeffer und Bohnenkraut, Möhren mit etwas Zucker, Blumenkohl mit wenig Muskat. Zu Kartoffelrösti und Kräuter-Pilz-Rührei servieren.

Feine Kartoffelrolle

800 g mehlig kochende Kartoffeln,
Salz, 3 Eigelb,
Muskat, Mehl,
300 g rohes Bratwurstmett,
Pfeffer,
2 EL Schnittlauchröllchen,
20 g Schmalz, 50 g Butter.

Geschälte Kartoffeln in Salzwasser gar kochen, dämpfen, durchpressen. Topf nochmals auf den Herd stellen und kurz abdämpfen. Mit 2 Eigelb, Salz und Muskat zu einer Masse verrühren. Kartoffelmasse auf bemehltem Arbeitsplatz mit bemehltem Nudelholz etwa 1 cm dick ausrollen. Bratwurstmett mit Salz, Pfeffer und Schnittlauch würzen und gleichmäßig auf dem Teig verteilen, dann vorsichtig aufrollen und auf das mit Schmalz gefettete Blech legen. Die Kartoffelrolle mit dem restlichen Eigelb-Wasser-Gemisch bepinseln und im Ofen bei 150 °C etwa 25-35 Min. backen und im Ganzen servieren. – Wird das Gericht erst am nächsten Tag gegessen, schneidet man die Rolle in 2-3 cm dicke Scheiben und brät diese in Butter. Die Kartoffelrolle ist auch portionsweise in der Mikrowelle aufwärmbar. Dazu schmecken frischer Salat und Rote Bete, mit Pfeffer aus der Mühle bestreut.

Majoran-, Apfel-, Gurken- und Heringskartoffeln

1,5 kg Kartoffeln,
2 Äpfel (Boskop),
1 grüne Gurke, 1 Salzgurke,
1 Heringsfilet, 1 Zwiebel,
80 g Bruststpeck, 1 EL Zucker,
1 EL Essig, Salz, Pfeffer,
1/2 TL Majoran, 50 g Butter,
2 Rispen frischer Majoran,
1 EL gehackte Petersilie.

Gekochte, gepellte Kartoffeln in grobe Stücke schneiden. Äpfel schälen, achteln, entkernen. Geschälte Gurken längs halbieren, Kerne mit einem Löffel auskratzen, in fingerdicke Scheiben schneiden. Heringsfilet, abgezogene Zwiebel und Speck fein würfeln. Speckwürfel auslassen und die Zwiebeln darin glasig dünsten. Etwas Zucker zugeben und vorsichtig karamellisieren. Mit Essig ablöschen, Apfel- und Gurkenstücke zugeben, mit Salz, Pfeffer und Majoran würzen. Diese Mischung gar dünsten und gut mit Kartoffelstücken vermengen. Butterflöckchen aufsetzen, mit den Heringswürfeln belegen und mit Majoranrispen und Petersilie garnieren. Als Beilage zu gebackener Blut- oder Knackwurst oder zu gekochtem Schweinebauch servieren.

Äpfel oder Birnen süßsauer

6 EL Weinessig,
150 g Zucker,
3 Nelken,
8 Pfefferkörner,
Schale 1/2 unbehandelten Zitrone,
1/2 Zimtstange,
1 kg Äpfel oder Birnen.

4 EL Wasser mit Essig, Zucker und Gewürzen unter Rühren kochen lassen, bis sich der Zucker aufgelöst hat. Äpfel bzw. Birnen schälen, achteln, Blüten und Kerngehäuse entfernen, kurz abspülen und in den Sud geben. Äpfel nur kurz aufkochen, Birnen ca. 8-10 Min. bei mittlerer Hitze kochen, abgedeckt bei mäßiger Wärme garziehen lassen. Eine beliebte Beilage zu Wild- und Schweinefleischgerichten.

Klöße und Birnen

Für die Klöße:
125 g Butter, 2 EL süßer Rahm, 2 Eier,
je 1 Prise Salz und Muskat,
4 EL Zwieback- oder Semmelbrösel.
Für die Birnen:
1 kg Birnen,
75 g Zucker, Saft einer Zitrone,
1 EL Kartoffelmehl.

Butter mit Rahm und Eiern schaumig rühren, würzen. Dann die Brösel unter ständigem Rühren zugeben. Mit dem Esslöffel Klößchen abstechen, in kochendem Salzwasser ca. 6 Min. garziehen. Mit der Schaumkelle herausnehmen. 1 l Wasser mit Zucker und Zitrone aufkochen, Birnen darin abgedeckt weich kochen. Fond mit eingerührtem Mehl binden. Klößchen zugeben und mit den Birnen im Fond auftragen. Schmeckt als Nachtisch.

Versunkene Birnen

1 kg reife Birnen, 50 g Zucker,
1 Zitrone, 3 Nelken,
100 g magere Speckscheiben,
30 g Butter.
Für den Teig:
3 Eier, 125 g Zucker,
1 Päckchen Backpulver,
250 g Mehl, 1/8 l Milch,
1 Päckchen Vanillezucker,
1 EL Kartoffelstärke.

Birnen schälen, halbieren und entkernen. In 1 l Wasser mit Zucker, Zitronensaft und -schale sowie den Nelken aufkochen. Nur kurz garen; die Birnenhälften sollen noch fest sein. Gut abtropfen lassen.
Speckscheiben in eine ausgebutterte Auflaufform legen, so dass Wände und Boden bedeckt sind. Für den Teig die Eier trennen, Eigelb mit Zucker schau-

mig rühren. Das mit dem Backpulver vermischte Mehl, Milch und Vanillezucker zugeben und glattrühren. Die steif geschlagenen Eiweiß unterheben, die Masse in die Backform füllen und darauf die Birnenhälften mit dem Rücken nach oben verteilen.
Den Auflauf im vorgeheizten Ofen bei 180-200 °C etwa 40 Min. backen. Um ein starkes Bräunen der Oberfläche zu vermeiden, die Form mit Alu-Folie oder Pergamentpapier abdecken. Den Birnenfond aufkochen, mit der eingerührten Kartoffelstärke binden und die Zitronenschale herausnehmen. Kalt oder warm zum Birnenauflauf reichen. Als Nachtisch oder kleine Abendmahlzeit verzehren.

Pommersches Viermus

250 g Blau- oder Preiselbeeren, 400 g Zucker, je 3 Äpfel und Birnen, 200 g Zwetschgen oder Pflaumen, 1/2 Stange Zimt, 2 Nelken, Zesten (schmale Streifen von der Schale) einer unbehandelten Zitrone, 4 cl Rum.

Beeren verlesen, waschen, mit der Hälfte des Zuckers zum Kochen bringen, gar ziehen lassen. Das übrige Obst waschen, Äpfel und Birnen schälen, vierteln, entkernen. Zwetschgen halbieren, entsteinen, grob zerkleinern. Früchte zu den Beeren geben, mit Zimt und Nelken würzen, restlichen Zucker, Zitronenzesten und 4-6 EL Wasser zugeben und weitere 5-10 Min. kochen lassen. Das fertige Viermus mit Rum verfeinern. Schmeckt auch zu kaltem Roastbeef.

Kartoffelkuchen

8 Eier, 300 g grober Rübenzucker, abgeriebene Schale 1/2 unbehandelten Zitrone, Saft einer Zitrone, 1 Prise Salz, 125 g süße und 20 g bittere Mandeln, gemahlen, 750 g mehlig kochende Kartoffeln, 2 EL Kartoffelmehl, 40 g Butter.

Eier trennen. Eigelb mit Zucker schaumig rühren, Zitronenschale, -saft, Salz und Mandeln zugeben. Kartoffeln kochen, stampfen, das Kartoffelmehl unterrühren und die Kartoffel- gut mit der Eiermasse mischen. Die steifgeschlagenen Eiweiß unterheben. Eine Springform mit Butter fetten, Teig einfüllen und ca. 1 Stunde bei 180 °C backen. – Kartoffelkuchen wird traditionell an kalten Herbsttagen nach der Kartoffelernte gegessen.

Rote Grütze mit Buttermilch-Plinsen

(Nach Omas Hausrezept)

100 g frische Johannisbeeren, je 150 g Himbeeren, entsteinte Sauerkirschen und geviertelte Erdbeeren, 100 g Zucker, 1/2 EL abgeriebene Zitronenschale (unbehandelt), etwas Zimt, gehackte süße Mandeln, je 1/2 l Wasser und trockener Rotwein, 50 g feine Speisestärke.

Buttermilch-Plinsen:

0,3 l Buttermilch, 3 Eier, 180 g Mehl, 1 EL Zucker, 1 Prise Salz, 5 cl Orangensaft, 1 EL Öl, 4 EL Butterschmalz, Puderzucker, 4 Erdbeeren, 4 Scheiben Kiwi.

Früchte putzen, 1/4 von jeder Sorte beiseite stellen. Wasser mit Wein und Zucker aufkochen, Gewürze und Früchte zugeben, nochmals kurz aufkochen und 10-12 Min. garen. Masse durch ein feines Sieb streichen, erneut aufkochen, mit der eingerührten Speisestärke binden, durchkochen lassen. Die beiseite gestellten Früchte zugeben und ca. 15 Min. ziehen lassen. Nicht mehr kochen! Im Kühlschrank abkühlen lassen.

Für die Plinsen die Eier trennen, Eiweiß steif schlagen, kalt stellen. Eigelb mit Zucker, Salz, Orangensaft und Öl dickcremig schlagen. Buttermilch zugeben, gesiebtes Mehl untermischen und gut durchrühren, Teig ca. 30 Min. ruhen lassen. Butterschmalz in Pfanne erhitzen, Teig eingießen und von beiden Seiten braun backen. Etwas rote Grütze auf die Plinsen geben, ein Viertel Plinse darüber falten, restliche Grütze obenauf geben, mit Puderzucker bestreut und mit je einer Erdbeere und Kiwischeibe garniert servieren.

Appeldommchen

Für den Teig:
350 g Mehl,
20 g Hefe, 4 EL Zucker,
1/4 l Milch, 1 Prise Salz,
50 g Butter, 2 Eier.
Für die Füllung:
4 säuerliche Äpfel (Boskop),
50 g dunkle Sultaninen,
50 g Butter, 2 EL Zucker,
1/2 TL gemahlener Zimt.

Mehl in eine Schüssel sieben. Eine Vertiefung hineinbröckeln und mit etwas Zucker, lauwarmer Milch und Mehl verrühren. Abgedeckt gehen lassen. Dann Salz, restlichen Zucker und Milch, zerlassene Butter und Eier zugeben und zu einem geschmeidigen Teig verarbeiten. Zugedeckt nochmals gehen lassen. Äpfel schälen, sechsteln und entkernen. Sultaninen in heißem

Wasser ungefähr 10 Min. quellen lassen, danach abgießen. Hefeteig fingerdick ausrollen, in 8 x 8 cm große Quadrate schneiden. Apfelstücke und Sultaninen darauf legen, Teigecken über der Füllung zusammendrücken. 10 Min. gehen lassen. In einem großen Topf Wasser erhitzen. Die Appeldommchen darin bei milder Hitze unbedeckt ca. 10-15 Min. garen, mit dem Schaumlöffel entnehmen, abtropfen lassen, sofort mit zerlassener Butter begießen und mit Zimtzucker bestreuen.

Feiner Schwaanscher Kuchen

100 g Butter, 1/2 l Milch, 200 g Zucker, 5 Eier, 750 g Mehl, 60 g Hefe, 125 g Rosinen, 1 Prise Salz, 1/2 TL Kardamom (gemahlen), 2 EL grober Zucker.

Die Hälfte der Butter zerlassen. Milch erwärmen und mit Zucker, 4 Eigelb und Mehl zu einem Teig verarbeiten. Hefe in etwas lauwarmer Milch verrühren, unter den Teig fügen und mit Rosinen, Salz und Kardamom gut durchkneten. 4 Eischnee unterziehen, und den Teig gehen lassen. Teig auf einem gefetteten Backblech etwa 1 cm dick ausrollen. Restliche flüssige Butter mit einem Ei verrühren und auf den Teig streichen, mit grobem Zucker bestreuen, nochmals gehen lassen. Kuchen etwa 35 Min. bei 200 °C im vorgeheizten Ofen backen.

Landestypische Getränke

Lübzer Bierpunsch: 1/2 l Pils, je 2 cl Gin und Kümmelbrand (Aquavit), 1 cl brauner Rum, 2 Eigelb, je 1 Prise Ingwer- und Nelkenpulver, 1 EL Zucker.
Sanddorn-Likör: 1,5 kg vollreife Sanddornbeeren, 750 g brauner Zucker, 10 Nelken, 1 Zimtstange, 1,5 l Kornbrandwein (38 %).
Miniapfel in Calvados: 10 kleine Äpfel, 100 g Zucker, Saft einer Zitrone, 100 g Rosinen, 1 Zimtstange, 4 Sternanis, 1/4 l Calvados.
Appelpunsch: 2 Äpfel, 60 g Zucker, 0,1 l Apfelkorn, Saft 1/2 Zitrone, 3 Sternanis, 1 Zimtstange, 4 Nelken, 1 EL gehackter kandierter Ingwer, 2 Flaschen Apfelwein, 1/4 Flasche brauner Rum.
Pott-Kieken Punsch: 1,5 l Rotwein, 1/4 l Teesud, 1/4 l Orangensaft, Saft ei-

ner Zitrone, 6 Nelken, 1 kleines Stück Zimtrinde, Spirale einer unbehandelten Zitronenschale, 0,1 l Amaretto-Mandellikör, 1/2 l brauner Rum.

Heiße Ente: 0,75 l Weißwein (süßlich), 100 g Zucker, 1/4 l Weinbrand, 1/8 l Maracujasirup, Saft einer Zitrone, pro Glas 1 Zitronenscheibe an den Glasrand stecken.

Freudenfeuer: 0,75 l Rotwein (lieblich), 1/8 l weißer Rum, 0,1 l Whisky, Saft 1/2 Zitrone, 6 Nelken, etwas Zimtrinde, 3-4 EL Honig, Saft einer Orange, pro Glas 1 TL feingehackter kandierter Ingwer, 1 Orangenscheibe, 1 Stück Würfelzucker, 1 EL brauner Rum (54 %).

Eier-Bier: 1 l Bier, 125 g Zucker, 1 Msp. Zimt, 1 Prise Ingwer, 6 Eier, 4 cl Rum (45 %), pro Glas 1 kleine Scheibe Zwieback.

Kööm: Gut gekühlter Kartoffelbrand.

Volkstümliche Spezialitäten aus Mecklenburg-Vorpommern

Bauernkartoffeln Stampfkartoffeln mit gebratenem Speck und Zwiebeln

Betenbartsch Rindfleisch mit Roten Beten und saurer Sahne, süßsauer abgeschmeckt

Bug Fleisch aus Schulter oder Blatt, mit oder ohne Knochen

Injeduhm Eingeweide, Füllung, Farce

Kathrinchen Lebkuchen in verschiedenen Formen, Spezialität einer Konditorei in Thorn

Klieben Süße Mehlklößchen für Suppen

Matjes Mildgesalzener jungfräulicher Hering, ab Mitte Juni stets frisch im Handel

Nelkenpfeffer Piment oder Neue Würze

Pommerscher Kaviar In viel Gänseschmalz gekochte gehackte Gänsedärme (als Brotaufstrich)

Plummen Weichgekochte Backpflaumen

Schluppen Frühlingszwiebeln

Schmand Saure Sahne mit mindestens 30 % Fett

Spickgans Geräucherte Gänsebrust

Tollatschen Weißbrotstücke, die mit Schweineblut, Speck, Rosinen und Mehl vermischt und in Brühe als Klöße verschiedener Größe gekocht werden.

Tüften Kartoffeln

Wruken Weiße Rüben, Kohlrüben

Rezeptverzeichnis

Aus dem lieferbaren Mini-Angebot

Kochbüchlein

Alles gewickelt & gerollt · Apfelbüchlein
Aronia · Backen & Naschen · Beerenbüchlein
Berlin & Mark Brandenburg kulinarisch
Bierbüchlein · Brot backen – leicht und schnell
Champignon & Co. · Drinks · Essen von der Wiese
Essen wie im Mittelalter · Fingerfood
Gemüseraritäten · Grillbüchlein
Heißer Bischof – kalter Hund
Holunderrezepte · Honig – gesunder Genuss
Kaffeevergnügen · Kleines Fisch-Kochbuch
Kochbüchlein Schweiz · Kürbis-Büchlein
Marmelade & Gelee · Mecklenburg-Vorpommern
kulinarisch · Multitalent Zwiebel · Obstexoten
Pommern kulinarisch · Sachsen kulinarisch
Sachsen-Anhalt kulinarisch · Sanddorn-Rezepte
Saucen-Rezepte · Schokoladenbüchlein
Sektbüchlein · Spargel-Rezepte
Süße Verführung: Komet-Geschichte(n)
Teegenuss · Thüringen kulinarisch
Tomatenbüchlein · Wild-Rezepte

Naturbüchlein

Heilkräuterbüchlein · Mythos Ginkgo (auch in engl.)
Kleine Naturapotheke · Kleine Pilzkunde

Küchenkräuter · Meerschweinchen-Büchlein
Pferdebüchlein · Wildobst

Literarisches

Das kleine Bach-Büchlein (auch in engl.)
Wilhelm Busch · Fange jetzt zu leben an
Faust-Zitate · Frauen & Männer
Frauen-Weisheit · Geliebte Sisi
Goethe-Zitate · Heine-Zitate
Ich hab dich so lieb · Das kleine Kamasutra
Kinder sind die besten Philosophen
Lotter-Wirtschaft · Martin Luther · Rosa Luxemburg
Märchenkönig Ludwig II. (auch in engl.)
Karl May · Wolfgang Amadeus Mozart (auch in engl.)
Nietzsche-Zitate · Philosophinnen-Sprüche
Rainer Maria Rilke · Joachim Ringelnatz
Schiller-Zitate · Clara & Robert Schumann
Shakespeare-Zitate · Theodor Storm
Der Vogelkopp · Weisheiten der Welt
Heinrich Zille

Stadt und Land

Auf der Saale-Unstrut-Weinstraße
Auf der Sächsischen Burgen- und Schlösserstraße
Auf der Sächsischen Weinstraße
Berlin für die Westentasche (auch in engl.)
Burgen und Schlösser im Erzgebirge